もふかわ四字熟語

動物たちと楽しく学んで語彙が身につく

めちゃモフ委員会

JN114708

はじめに

突然ですが、問題です!

「破顔一笑」、「抱腹絶倒」、「和顔愛語」。

この三つの四字熟語が共通して表しているものは何でしょう。

正解は……「笑顔になる」です!

この本では、読んだら思わず「笑顔」になってしまう、モフモフしていて、かわいい動物たちと一緒に、今日から使える四字熟語を紹介します。

四字熟語とは四つの漢字の組み合わせで、気持ちや状態を表す熟語です。

「阿鼻叫喚」、「我田引水」、「乱離骨灰」など一見するとちょっと難しそうなこれらの四字熟語も、クスッと笑えてほっこり癒されるもふかわな動物たちの写真と、おもしろいマンガで楽しく学べることまちがいなし。動物たちの生態について紹介しているアニマルメモもあるから動物にも詳しくなれちゃう、まさに「一石二鳥」な一冊です。

この本を通していろいろな四字熟語を知って、ぜひ生活の中で使ってみてください。

さあ、もふかわ動物たちと一緒に、一生ものの語彙力を身につけましょう！

めちゃモフ委員会

もくじ

この本の使い方

クスッと笑える動物の
3コマまんが

四字熟語の意味

写真の動物の名前

四字熟語を
使った例文

写真の動物に関する豆知識

一緒に
勉強するワン！

あ行^{ぎょう}

アアアァァァァ
アアァァァァ

阿鼻叫喚
あびきょうかん

阿鼻叫喚
あびきょうかん

悲惨な状況に陥り、泣き叫ぶさま。

例文

阿鼻叫喚している様子はまわりのペンギンたちをひどく驚かせた。

アニマルメモ

ペンギンは、昔は空を飛ぶことができたといわれているよ。

ニンジンどこだ〜。

暗中模索
（あんちゅうもさく）

手がかりが何もないまま、いろいろと考え試してみること。

例文

葉っぱの中で大事なニンジンを落としてしまい、暗中模索している。

アニマルメモ

ライオンラビットは名前のとおり雄ライオンのようなたてがみを持っているよ。

12

意気消沈（いきしょうちん）

がっかりして、元気（げんき）をなくしている様子（ようす）。

例文（れいぶん）

パグは飼い主（かいぬし）が出（で）かけてしまい、すっかり意気消沈（いきしょうちん）してしまった。

アニマルメモ

パグの顔（かお）のしわは、よごれがたまらないようにお手入（てい）れが必要（ひつよう）だよ。

ご主人様（しゅじんさま）行（い）っちゃった…。

パグ

ふむふむ…。

作戦はこうだニャ。

ネコ

意気投合

互いの気持ちが、ぴったり合うこと。

例文

猫たちは意気投合して、大好きなおやつのつまみ食いを企んでいる。

アニマルメモ

猫は自分の身長の約5倍はジャンプができるといわれているよ。

意気揚揚
（い）（き）（よう）（よう）

満足していて、誇らしげな様子。

例文
（れい）（ぶん）

ハスキーの子どもは、はじめての芝生のかんしょくに意気揚揚としている。
（こ）（しば ふ）（いき）（ようよう）

アニマルメモ

ハスキーの名前は、遠吠えをするときの枯れた鳴き声（ハスキーボイス）に由来しているよ。
（なまえ）（とおぼ）（か）（な ごえ）（ゆらい）

シベリアン・ハスキー

コキンメフクロウ

以心伝心

言葉や文字によらず、心と心で通じ合うこと。

例文

以心伝心でお父さんフクロウは、お母さんフクロウのしてほしいことがすぐにわかる。

アニマルメモ

コキンメフクロウは、夜だけじゃなく昼も活動する珍しいフクロウだよ。

17

ファラベラ

ねーねー！
あそぼうよ～！

一意専心

他のことを考えず、ひたすら一つのことに心を集中すること。

例文

ファラベラはいつか馬より速く走るために、一意専心に練習に励んでいる。

アニマルメモ

ファラベラは世界最小の馬で、大人でも大型犬くらいの大きさしかないよ。

一期一会

一生に一度会うこと。出会いを大切にするたとえ。

例文

猫はアヒルと仲良くなり、この出会いは一期一会だと思った。

アニマルメモ

アヒルは、卵からかえって最初に見たものを親だと認識する習性があるよ。

ネコとアヒル

いえいえ。

先日はどうも。

スズメとシジュウカラ

一言芳恩

一言声をかけてもらったことを恩に感じ、感謝すること。

例文

シジュウカラはスズメに冬の過ごし方を教えてもらい、一言芳恩の思いだ。

アニマルメモ

スズメは1日に水浴びか砂浴びをする、きれい好きな鳥だよ。

一日千秋

いち じつ せん しゅう

一日が千年にも感じられるほど、非常に待ち遠しく思うたとえ。

例文

フェネックは好きな子に告白した返事を一日千秋の思いで待っている。

アニマルメモ

フェネックの大きな耳は、砂の中にいる獲物を見つけるのに役立つよ。

フェネック

まだかなあ。

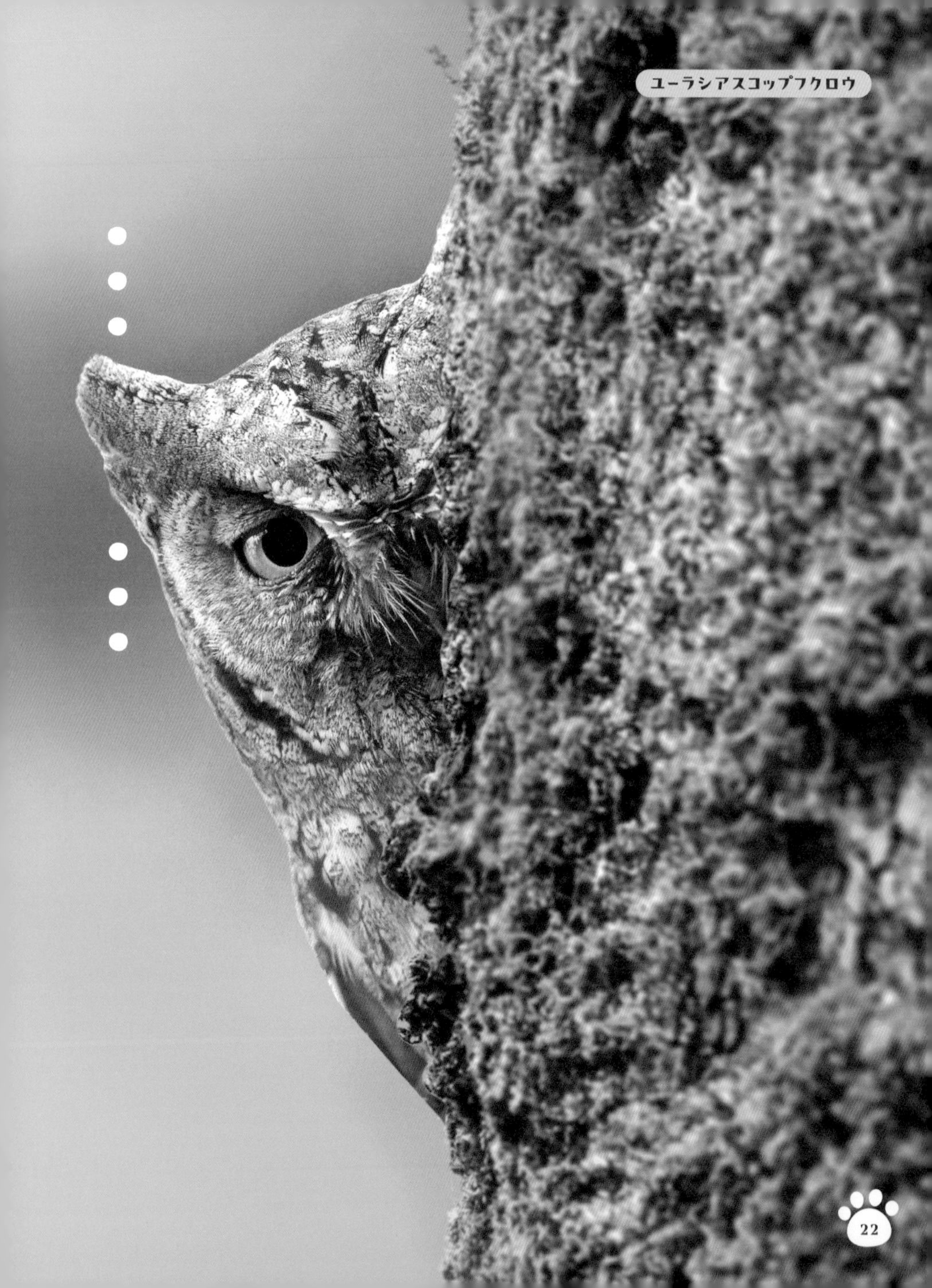
ユーラシアスコップフクロウ

一部始終
<small>いち ぶ し じゅう</small>

物事の始めから終わりまで。

一部始終

例文

フクロウは事件の一部始終を目撃していた。

アニマルメモ

フクロウは首の骨が14個もあり、首を270度動かすことができるよ。

23

シロイワヤギ

一望千里
(いちぼうせんり)

山から見た景色などが、遠くまで見渡せるほどに開けていること。

例文

シロイワヤギは一望千里の景色を見て、日頃の疲れが吹き飛んだ。

アニマルメモ

シロイワヤギは高い場所が好きで、崖を登るのも得意だよ。

あ

一遊一予（いちゆういち よ）

遊んだり楽しんだりすること。

例文

ヒグマたちは、仲間と一遊一予（いちゆういち よ）しながら狩りの仕方を覚えていく。

アニマルメモ

クマは運動神経が良く、速く走れるし、水泳も得意だよ。

ヒグマ

25

いくぞー！

"おー！"

ウェルシュ・テリア

一蓮托生（いちれんたくしょう）

仲間として行動や運命をともにすること。

例文

ウェルシュ・テリアたちは一蓮托生（いちれんたくしょう）して、向（む）こう岸（ぎし）へ渡（わた）ろうとしている。

アニマルメモ

ウェルシュ・テリアは、イギリスでカワウソの狩（か）りをサポートしていた勇敢（ゆうかん）な犬（いぬ）だよ。

一生懸命

本気で物事に打ちこむさま。

例文

コッカー・スパニエルは、バケツリレー大会で優勝するために一生懸命、練習に励んでいる。

アニマルメモ

コッカー・スパニエルは、鳥の狩りをする鳥狩犬で、筋肉質な体が特徴だよ。

コッカー・スパニエル

カンガルー

28

一触即発
いっ しょく そく はつ

バチバチバチバチ

あの二人
いまにも
ケンカしそう
だぞ！

だれか
とめて〜っ

ディンゴ →
ワラビー ←

アタシの
赤ちゃん
のが
カワイイわ

いーやっ
アタシの
赤ちゃん
よっ

ずっ

一触即発
いっ しょく そく はつ

ちょっとしたことで大事になりそうな、非常に緊迫した状態のこと。

例文

いつもは仲良しのお母さんカンガルーたちが、なぜか一触即発の状態だ。

アニマルメモ

カンガルーのお腹の袋は、メスにしかないよ。

一心同体

二人以上の気持ちが、一つにまとまること。

例文

一心同体に寝ている姿は、まるで一匹の大きな動物のようだ。

アニマルメモ

ゴールデン・レトリーバーは学習能力が高く、盲導犬や介助犬としても活躍する犬種だよ。

あ

一心不乱

一つのことに心を集中し、他のことに心を乱されないこと。

例文

猫はおもちゃが動く瞬間を一心不乱に見つめている。

アニマルメモ

黒猫は、魔除けや厄除けをもたらす動物といわれているよ。

ネコ

いま、動いた…!?

31

エッヘン！

威風堂堂

態度や雰囲気が威厳に満ちあふれて立派なさま。

例文

タテゴトアザラシは、冷たい雪の上でもつねに威風堂堂としている。

アニマルメモ

タテゴトアザラシは、生まれて3日で黄色い毛から真っ白な毛に変わるよ。

右往左往（うおうさおう）

あわてふためいて、あちらこちらに動き回ること。

例文（れいぶん）

迷子（まいご）になってしまったウリボーはお母（かあ）さんを探（さが）して右往左往（うおうさおう）している。

アニマルメモ

イノシシの子（こ）どもが「ウリボー」と呼（よ）ばれるのは、体（からだ）の模様（もよう）が野菜（やさい）の「しまうり」に似（に）ているからだよ。

お母（かあ）さんどこ〜！

イノシシ

ポメラニアン

円満具足

すべてが十分に満ち足りていて、少しも不足がないこと。

ポメラニアンは、円満具足の表情で飼い主とお散歩を楽しんでいる。

アニマルメモ

ポメラニアンは、ソリを引く仕事をするスピッツという犬を小さくした犬種だよ。

34

あ

岡目八目
（おかめはちもく）

脇から見ている者のほうが、物事を冷静に正しく判断できるたとえ。

例文

外から見ているシジュウカラは岡目八目で、ケンカの原因がわかっている。

アニマルメモ

シジュウカラは胸の模様がネクタイに見えることから「ネクタイ鳥」と呼ばれているよ。

シジュウカラ

チョウゲンボウ

つぎは
逃がさないぞ…!

温故知新

過去に学んだことを考えなおしたりして、新しい知識を見出すこと。

例文

チョウゲンボウは獲物に逃げられた経験を、温故知新の精神で大切にしている。

アニマルメモ

チョウゲンボウは空中で一時停止（ホバリング）ができる珍しい鳥だよ。

か行<ruby>ぎょう<rt></rt></ruby>

もう帰る。

開口一番
(かいこういちばん)

口を開いて、話し始めてすぐに、ということ。

例文(れいぶん)

呆(あき)れたカンムリキツネザルは、開口一番(かいこういちばん)に「もう帰(かえ)る」と言(い)った。

アニマルメモ

カンムリキツネザルは、頭(あたま)にある冠(かんむり)の形(かたち)をした模様(もよう)が特徴(とくちょう)で、名前(なまえ)の由来(ゆらい)になっているよ。

花鳥風月
かちょうふうげつ

自然の風景、自然の美しさの形容。

メンフクロウは、満開の桜の木で花鳥風月を楽しんだ。

アニマルメモ

メンフクロウのお面のような顔は、少しの音も聞き逃さないような形になっているよ。

メンフクロウ

ミーアキャット

我田引水
がでんいんすい

自分に都合よく有利になるように行動したり言ったりすること。

例文
「君のおやつとぼくのおやつを交換した方が得だよ」と我田引水の考えで話す。

アニマルメモ
名前に「キャット」と付いているけど、猫の仲間じゃなくマングースという動物の仲間だよ。

画竜点晴（がりょうてんせい）

物事を完成するための最後の大切な仕上げ。

例文（れいぶん）

巣作り（すづくり）に必要（ひつよう）な最後（さいご）の枝（えだ）を落（お）としそうになり、危（あや）うく画竜点晴（がりょうてんせい）を欠（か）くところだった。

アニマルメモ

ビーバーは、川（かわ）や湖（みずうみ）の水（みず）を木（き）の枝（えだ）や葉（は）っぱなどでせき止（と）めてダム状（じょう）の巣（す）を作（つく）るよ。

ビーバー

これで完成（かんせい）だ…！

感慨無量
（かんがいむりょう）

感慨無量
（かんがいむりょう）

はかり知れないほど身にしみて感じること。

例文（れいぶん）

感慨無量のお父さんシマリスは、今にも泣き出しそうな面持ちだ。

アニマルメモ

シマリスはほっぺたの袋にアーモンドを9個まで入れることができるよ。

43

トイ・プードル

感奮興起
かんぷんこうき

深く心を揺り動かされて、気持ちが奮い立つこと。

例文
れいぶん

プードルはまわりに応援されて、感奮興起した。

アニマルメモ

プードルの名前の由来は、ドイツ語で「泳ぎ上手」という意味だよ。

危機一髪
（きき いっぱつ）

一つ間違えば大変なことになるような、危機が迫っている状態。

例文

オコジョは危機一髪で犬のうんちをかわした。

アニマルメモ

オコジョは、3cmほどの隙間を通り抜けることができるよ。

オコジョ

喜色満面
きしょくまんめん

顔いっぱいに喜びの表情があふれている様子。

例文（れいぶん）

お父さん猫は家族が喜んでいる様子を喜色満面で見つめている。

アニマルメモ

ブリティッシュショートヘアは古代エジプトの時代から存在していたといわれていて、「歴史の証人」と呼ばれているよ。

か

疑心暗鬼

一度疑い始めると、他のこともすべて疑わしく思えてくること。

例文

猫は家にヘビが現れたことで、まだ他にも潜んでいるのではないかと疑心暗鬼した。

アニマルメモ

猫が魚好きといわれているのは日本だけで、外国では肉好きだといわれているよ。

ネコ

信じられニャい……!

奇想天外

思いもよらないような奇抜なこと。

例文

モップのような犬がいるなんて、奇想天外な話は聞いたことがない。

アニマルメモ

プーリーは羊の背中に乗って、進む方向を指示することができる牧羊犬だよ。

狂喜乱舞

思わず小躍りするように大喜びすること。

例文

エナガは春のおとずれに、狂喜乱舞して飛び回った。

アニマルメモ

エナガは冬になると、全身が雪のように真っ白な羽に生え変わるよ。

わーい！

エナガ

共存共栄
きょう ぞん きょう えい

互いに助け合って生存し、ともに栄えること。

あなたたち
仲いいのね～

すてき～っ

そうさ
世の中お互い
助けあって
生きてかない
とね！

まァいいか…

とかいって
暖をとってる
だけのような…

例文

レオンベルガーと猫は、共存共栄の仲でつねにお互いを大切に思っている。

アニマルメモ

レオンベルガーは、ライオンのような犬を目指して生まれた超大型犬だよ。

え？
なになに？

ポメラニアン

興味津津
きょうみしんしん

非常に関心があるさま。

例文
れい ぶん

ポメラニアンは、飼い主がカ
メラを向けると興味津津で近
づいてくる。

アニマルメモ

ポメラニアンは、可愛くて小さ
くても、実は勇敢な性格の持ち
主だよ。

52

か

玄冬素雪
げんとうそせつ

冬の非常に寒いことのたとえ。

例文

氷河期から生き残ってきたライチョウでも、今年の玄冬素雪はきびしい。

アニマルメモ

ライチョウは、天気の悪い日に姿を見せることから漢字では「雷鳥」と書くよ。

ライチョウ

え…さむっ…。

公明正大
こう めい せい だい

リーダー
かっこいい
よなぁ〜！あーいうの
コーメー
セーダイって
いうんだぜ！

どうしたら
リーダー
みたいに
なれますか？

そうだね…
ルールを守って
正しく
生きることと…

お父さんや
お母さんの
いうことを
よくきいて
元気なよい子に
なることかな！

ハ〜イ！

公平でやましいところがなく、堂々
として正しいこと。

公明正大
こう めい せい だい

例文
れい ぶん

ミーアキャットのリーダーはい
つも公明正大だ。

アニマルメモ

ミーアキャットは太陽にお腹を
向けて、尻尾を支えに座って日
光浴をするよ。

かゆいところありませんか。

ジャック・ラッセル・テリアとサル

呉越同舟（ごえつどうしゅう）

仲の悪い者どうしが同じ場所や境遇にいること。

アニマルメモ

サルのお尻が赤いのは、お尻の皮膚がうすく血液がすけて見えるからだよ。

虎視眈眈（こしたんたん）

相手の隙を狙って、じっくり機会をうかがうこと。

例文

レッサーパンダは次の人気者総選挙の1位を虎視眈眈と狙っている。

アニマルメモ

レッサーパンダは、ジャイアントパンダが発見される前はパンダと呼ばれていたよ。

次の人気者はこのぼくだ…！

レッサーパンダ

カンガルー

ZzZzzzz…

ぽか
ぽか

小春日和（こはるびより）

春のように暖かくておだやかな天気のこと。

例文

カンガルーの子どもは、小春日和のおだやかな日を芝生でのんびりと過ごした。

アニマルメモ

カンガルーは1日で100kmも移動することがあるよ。

58

さ行
ぎょう

ネザーランド・ドワーフ

ZZZ…

三者三様

物事のやり方や考え方が、人それぞれで違うこと。

アニマルメモ

ネザーランド・ドワーフは、他の種類のウサギに比べて耳が小さく短いよ。

自画自賛（じがじさん）

自分自身がしたこと、自分が作った物などを自分でほめること。

例文（れいぶん）

ユキヒョウは、自分が作り上げた寝床を自画自賛した。

アニマルメモ

ユキヒョウは大きな体に似合わず猫のように「ニャー」と鳴くことがあるよ。

わたし。

さすがだわ～

ユキヒョウ

さ

た、たすけて…。

アライグマ

四苦八苦
（しくはっく）

思うようにならなくて、たいへん苦労すること。
（おも）（ろう）（く）

例文
（れい）（ぶん）

アライグマは、なかなか木に登ることができず四苦八苦している。
（き）（のぼ）（しくはっく）

アニマルメモ

アライグマの子どもは親を呼ぶときに鳴き声を出して呼ぶよ。
（こ）（おや）（よ）（な）（ごえ）（だ）（よ）

試行錯誤（しこうさくご）

失敗を繰り返しながらいろいろ試し、物事を解決しようとすること。

例文（れいぶん）

どうすれば猫（ねこ）じゃらしを上手（じょうず）につかめるかを試行錯誤（しこうさくご）している。

アニマルメモ

猫（ねこ）の脳（のう）は9割（わり）が人間（にんげん）と同（おな）じ構造（こうぞう）をしていて、実（じつ）はとっても感情（かんじょう）が豊（ゆた）かなんだよ。

ネコ

うまく
つかめニャい〜！

タテゴトアザラシ

むくっ

起きた。

七転八起

何度失敗しても、くじけずに立ち上がり行動し続けること。

タテゴトアザラシの子どもは泳ぎが苦手だが、七転八起して挑戦し続けている。

アニマルメモ

タテゴトアザラシは2時間も水に潜っていられるよ。

七転八倒
しちてんばっとう

転げ回ってひどく苦しむ様子。

タテゴトアザラシは、氷の地面のあまりの冷たさに七転八倒した。

アニマルメモ

タテゴトアザラシの赤ちゃんの毛が真っ白なのは、敵に見つからないためだよ。

転んだ。

こてっ

タテゴトアザラシ

ホワイトタイガー

質実剛健
しつじつごうけん

飾りけがなく、心身ともに強くたくましいこと。

例文

質実剛健なお父さんタイガーは、いつも子タイガーたちを見守っている。

アニマルメモ

ホワイトタイガーは猫の仲間だけど、泳ぎが得意だよ。

66

舌先三寸
（したさきさんずん）

言葉だけが巧（たく）みで、心（こころ）や中身（なかみ）がないこと。

例文（れいぶん）

アルパカは舌先三寸（したさきさんずん）で、「ごめんなさい」と謝（あやま）っているが、本当（ほんとう）は反省（はんせい）していない。

アニマルメモ

アルパカは身（み）の危険（きけん）を感（かん）じると、とてもくさいツバを吐（は）くよ。

あ、ごめ～ん。

アルパカ

イヌ

実力行使
じつりょくこうし

ある事を成しとげるために、話し合いによらず、実際の行動にでること。

アニマルメモ

犬は人間よりも嗅覚が100万倍、聴覚が約4倍、視力は約10倍良いよ。

68

四面楚歌（しめんそか）

周りが敵や反対者（はんたいしゃ）ばかりで、味方（みかた）がいないこと。

例文（れいぶん）

うっかり言（い）ってしまった一言（ひとこと）により、状況（じょうきょう）は四面楚歌（しめんそか）となった。

アニマルメモ

ハクチョウは、夜（よる）でも飛（と）ぶことができる渡（わた）り鳥（どり）だよ。

え～っ

ハクチョウ

弱肉強食

じゃく にく きょう しょく

弱肉強食

じゃく にく きょう しょく

弱いものは強いもののえじきとなり、強いものが繁栄すること。

例文

強いものが食べたいものを食べる。まさにこの世は弱肉強食なのだ…。

アニマルメモ

ハムスターは、ほっぺたに100個近くヒマワリの種を入れることができるよ。

71

シロフクロウ

縦横無尽
じゅうおうむじん

思う存分に物事を行うさま。

例文

シロフクロウは、美しく広い景色の中を縦横無尽に飛び回る。

アニマルメモ

シロフクロウの真っ白な羽はオスだけで、メスは黒い模様が入るよ。

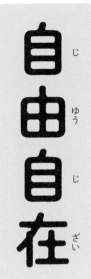

自由自在（じゆうじざい）

思いのままであること。

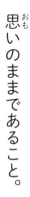

例文（れいぶん）

アカリスは自慢（じまん）のジャンプ力（りょく）で、自由自在（じゆうじざい）に木（き）を飛（と）び移（うつ）ることができる。

アニマルメモ

アカリスは甲高（かんだか）い鳴（な）き声（ごえ）から、「世界一（せかいいち）さわがしいリス」と呼（よ）ばれているよ。

アカリス

ジャーンプ！

さ

じーっ

……

ペルシャ

袖手傍観
しゅうしゅぼうかん

手をこまねいて、何もせずにそばでながめていること。

例文
れい　ぶん

飼い主の大切にしている花びんを落として割ってしまい、袖手傍観している。

アニマルメモ

ペルシャはのんびりしていて気品があることから、「猫の王様」と呼ばれているよ。

74

十人十色 (じゅうにんといろ)

好みや考え方、性格などは人それぞれちがうということ。

例文 (れいぶん)

寝ているカピバラ達の見た目はそっくりだが、みている夢は十人十色だ。

アニマルメモ

カピバラは本気を出すと、人間の約4倍の時速50kmの速さで走れるよ。

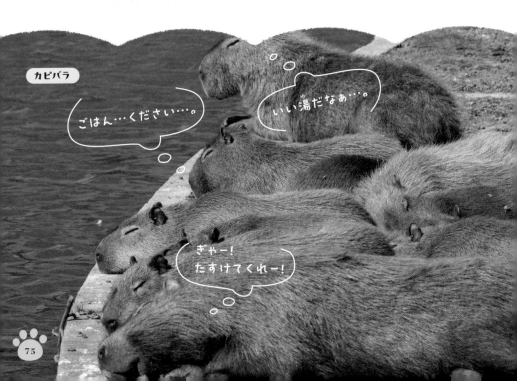

カピバラ

ごはん…ください…。

いい湯だなあ…。

ぎゃー！たすけてくれー！

取捨選択
しゅしゃせんたく

取捨選択
しゅしゃせんたく

良いものや必要なものを選んで残し、不必要なものを捨てること。

例文

グルメなコアラはおいしい葉っぱだけを取捨選択して食べる。

アニマルメモ

コアラは、ユーカリという植物の葉っぱが好物で、1日に1kgも食べるよ。

ね〜
あそぼうよ
?!

純真無垢
（じゅんしんむく）

心にけがれや偽りがなく、清らかで純粋なさま。

例文

純真無垢な表情でいたずらをされたら、ついつい許してしまう。

アニマルメモ

コーギーは、牛のかかとを噛んで目的地まで移動させる牧畜犬だよ。

縦容不迫

しょうようふはく

ゆったりと落ち着いた様子で、少しもあわてないこと。

例文

フェレットの赤ちゃんは、一度眠るとどんな物音にも動じない縦容不迫な性格だ。

アニマルメモ

フェレットは、ヨーロッパでは3000年前から飼われていたといわれているよ。

フェレット

ZZZzzz…

さ

79

ナマケモノ

Zzz…

四六時中
（しろくじちゅう）

一日中、いつも。四×六で24時間になることから。

例文

ナマケモノは、四六時中寝てばかりだ。

アニマルメモ

ナマケモノの動きがゆっくりなのは、なるべくエネルギーを使わないためだよ。

心機一転

あることをきっかけに、良い方向へ気持ちがすっかり変わること。

例文

グレート・ピレニーズは水浴びをして、心機一転、気持ちが晴れた。

アニマルメモ

グレート・ピレニーズは、人間の大人と同じくらいの体重になる超大型の牧羊犬だよ。

グレート・ピレニーズ

ふ〜　さっぱり

トウブハイイロリス

神出鬼没

自由自在に現れたり、隠れたりするさま。

例文

トウブハイイロリスは神出鬼没で、いつ現れるかは誰にもわからない。

アニマルメモ

トウブハイイロリスは、ぴかぴか光るものが大好きだよ。

清廉潔白

考えや行動がきれいで私欲がなく、後ろめたいことがないこと。

例文

あのウサギは、知らない人からは好物のニンジンさえ貰わない清廉潔白な性格だ。

アニマルメモ

ネザーランド・ドワーフは活発で好奇心旺盛なウサギだよ。

ネザーランド・ドワーフ

ピシッ

アルパカ

晴天白日
せいてんはくじつ

いい天気だ〜っ

この青空をカメラにおさめるぞっ

ひょ

あっ

パシャ

まあ いいかぁ…

晴天白日　金

晴天白日
せいてんはくじつ

よく晴れた日のこと。心中に後ろめたいことがないこと。

例文
れいぶん

アルパカは晴天白日の心地よさに、ニッコリとほほえんだ。

アニマルメモ

アルパカは野生でもトイレの場所を決めているくらいきれい好きだよ。

ラガマフィン

やべっ！

絶体絶命

逃げることのできない、差し迫った立場、場面にあること。

例文

おやつのつまみ食いが飼い主に見つかり、絶体絶命だ。

アニマルメモ

ラガマフィンはおだやかで優しい性格から、「猫のテディベア」と呼ばれているよ。

千客万来
（せんきゃくばんらい）

たくさんの客が途絶えることなくやってくること。

例文

ネズミに人気のレストランは千客万来の繁盛ぶりだが、なぜかリピーターが少ない。

アニマルメモ

ネズミは寝ている間に食べ物を盗むことから「寝盗み(ネズミ)」と名がついたよ。

いらっしゃい〜。

ネコとネズミ

魚もいいが肉もすてがたい…！

スナネコ

千思万考
せん し ばん こう

あれこれと思いを巡らし、いろいろと考えること。

スナネコは、夜ごはんの献立を千思万考している。
よる こんだて
せん し ばんこう

アニマルメモ

スナネコは砂漠に住んでいて、可愛らしい見た目から「砂漠の天使」と呼ばれているよ。
さばく す
かわい み め さばく
てんし よ

前代未聞（ぜんだいみもん）

これまでに一度（いちど）も聞（き）いたことがない変（か）わったこと、珍（めずら）しいこと。

例文（れいぶん）

コモンドールは、前代未聞（ぜんだいみもん）の突風（とっぷう）で前（まえ）が見（み）えなくなった。

アニマルメモ

コモンドールは獣（けもの）に襲（おそ）われてもケガをしないように、毛（け）をモップのように改良（かいりょう）された犬（いぬ）だよ。

コモンドール

みんなどこ〜？

さ

前人未踏

いまだかつて、誰も到達していないこと。

前人未踏
（ぜんじんみとう）

前人未踏の森やどうくつをぬけ

ついに——！

見つけたぞーっ

やったぁ～！

お宝はぼくのものだ～

むにゃむにゃ…

例文

猫は、いまだ誰も達成できていない前人未踏の冒険に挑戦をした。

アニマルメモ

猫は高い場所に登るのは得意だけど、降りるのは苦手だよ。

ウキャー!!

ゲラダヒヒ

先手必勝

物事は先に仕掛けたほうが有利だということ。

例文

先手必勝で驚かせようとしたが、返りうちにあった。

アニマルメモ

ゲラダヒヒは、サルの中で唯一、草を主食としているよ。

92

創意工夫（そういくふう）

新しいことを考えだして、それを実現するための方策を巡らすこと。

例文

エゾモモンガは、もちものを入れるための新しいバッグを創意工夫してつくっている。

アニマルメモ

エゾモモンガは、手足の間の膜を広げて飛行機のように滑空できるよ。

エゾモモンガ

さ

愛してる。

私もよ。

プレーリードッグ

相思相愛
（そうしそうあい）

お互（たが）いに慕（した）い合（あ）い、愛（あ）し合（あ）っていること。

アニマルメモ

プレーリードッグはリスの仲間（なかま）で、鳴（な）き声（ごえ）が犬（いぬ）に似（に）ているから名前（なまえ）にドッグとつくよ。

た行

ぎょう

キングペンギン

大器晩成
たいきばんせい

大器晩成
たいきばんせい

大物となる人間は、普通より遅く大成するということ。
おおものにんげん　ふつうおそたいせい

ふっ…

キミはおよぎのれんしゅうしないの？

大人になったら立派に泳いでみせるさ
おとなりっぱおよ

オレは大器晩成型なんだ
たいきばんせいがた

つべこべ言わず練習っ！
いれんしゅう

およぎのせんせい

はい…

ぼちゃ

例文
れいぶん

キングペンギンは大人になるのに1年以上かかる、大器晩成の鳥だ。
おとな　ねんいじょう　たいきばんせいとり

アニマルメモ

キングペンギンは世界で2番目に大きな種類のペンギンで、体重は17kgになることもあるよ。
せかいばんめおおしゅるいじゅうたい

ドヤッ

マヌルネコ

泰然自若
（たいぜんじじゃく）

どっしりと落ち着いていて、少しも物事に動じないさま。

例文

マヌルネコは、どんな状況でも泰然自若としている。

アニマルメモ

マヌルネコは、冬になると体重が夏の2倍になるよ。

大胆不敵
（だいたんふてき）

度胸があって、何事も恐れないこと。

例文

ハムスターは、大胆不敵にもお腹を出して寝ている。

アニマルメモ

ハムスターは、人間の4倍もの音域の音を聞き取ることができるよ。

ハムスター

ホッキョクウサギ

ぶんしん!?

大同小異

だいたいは同じだが、細かい点に少しちがいがあること。

例文

ホッキョクウサギと雪景色は、一見すると大同小異だ。

アニマルメモ

ホッキョクウサギの毛が真っ白なのは冬だけで、夏は灰色になるよ。

多種多様
たしゅたよう

種類や性質がさまざまであること。

どれだけ見た目が似ていても、性格は多種多様だ。

アニマルメモ

ヒツジの毛は刈らないと一生伸び続けるよ。

みんなちがって
みんないい。

ヒツジ

この先？
何もないよ

ホッキョクグマ

立入禁止

その場所へ立ち入ることを禁止すること。

ホッキョクグマの子どもは、「ここは立入禁止だよ」と自分の秘密基地を守っている。

アニマルメモ

ホッキョクグマは、最大級の大きさのクマで、体重は600kgほどもあるよ。

他力本願

に、他人のことを当てにすること。

何かをするときに、自分で努力せず

例文

他力本願でお散歩をしようと、今日もサモエドは考えている。

アニマルメモ

サモエドは、ロシア北部でソリ引きや狩りの補助などをする大型の使役犬だよ。

サモエド

こいでくれるの？ありがとう！

見つけたぞ～！

ポメラニアン

猪突猛進

むこう見ずに、がむしゃらに突き進むこと。

ポメラニアンは大好きな飼い主を見つけて猪突猛進で駆け寄った。

アニマルメモ

ポメラニアンは、イギリス王室から愛されてきた犬種だよ。

104

天衣無縫
（てんいむほう）

性格が無邪気で飾り気がないこと。

例文（れいぶん）

アメリカン・コッカー・スパニエルの天衣無縫（てんいむほう）な笑顔（えがお）はみんなのいやしだ。

アニマルメモ

アメリカン・コッカー・スパニエルは、わがままな性格（せいかく）も魅力（みりょく）のひとつだよ。

アメリカン・コッカー・スパニエル

105

ジェンツーペンギン

わ〜い！

天真爛漫

自分のことを飾らず、ありのままでいること。無邪気で明るいこと。

ジェンツーペンギンは、天真爛漫な性格で群れのムードメーカーだ。

アニマルメモ

ジェンツーペンギンは世界で3番目に大きなペンギンで、泳ぎが速いよ。

106

東奔西走
とうほんせいそう

そがしく走り回ること。

仕事や目的のために、あちこちをいそがしく走り回ること。

例文

タスマニアデビルは、毎日獲物を求めて東奔西走している。

アニマルメモ

タスマニアデビルは、鳴き声が悪魔のようだからデビルという名前がついたよ。

次はあっちだ～！

タスマニアデビル

チーター

同床異夢

同床異夢

同じことをしていても考えは異なっているたとえ。

例文

チーターの兄弟は同床異夢で、まったく別の事に夢中だ。

アニマルメモ

チーターは地上最速の動物で、最大時速110kmで走ることができるよ。

ジャイアントパンダ

ドヤッ

得意満面
（とくいまんめん）

思いどおりに事が運び、誇らしい表情が顔全体に浮かぶさま。

例文

パンダは竹の早食い大会を前に、得意満面の笑みを浮かべた。

アニマルメモ

ジャイアントパンダが白黒模様なのは、まだはっきり理由がわかっていないよ。

110

な行
ぎょう

そっちのがおいしそう…。

二者択一（にしゃたくいつ）

二つ（ふた）の事柄（ことがら）のうち、どちらか一方（いっぽう）を選び（えら）取る（と）こと。

例文（れいぶん）

二者択一（にしゃたくいつてき）的な場面（ばめん）で迷った（まよ）ら、後悔（こうかい）しない方（ほう）を選ぶ（えら）。

アニマルメモ

猫（ねこ）にも実（じつ）は利き手（ききて）があって、オスは左利き（ひだりきき）、メスは右利き（みぎきき）が多（おお）いよ。

日進月歩

日々、絶えず進歩すること。

ヒヨコの成長は日進月歩で、親鳥のように卵を産めるようになる日も遠くない。

アニマルメモ

ニワトリの視力は実は0.2くらいしかないよ。

こっちよ〜。

ニワトリ

いちにっ

いちにっ

二人三脚
にんさんきゃく

二人で力を合わせて一つのことをすることのたとえ。

二人三脚
に にん さん きゃく

二人三脚
に にん さん きゃく

いちに
いちに
せーの

いちにっ
いちにっ
いちにっ

アラ？
二人三脚
にんさんきゃく
かしら？

ツタがからまって
とれないんだよ〜！

どすこい！

例文
れい ぶん

ガチョウの子どもたちは、二人三脚で困難を乗り越えた。
に にんさんきゃく こんなん の こ

アニマルメモ

ガチョウはガーガー鳴くから、はじめは「ガ」と呼ばれていたよ。
な よ

な

秋田犬

えへへ

柔和温順
にゅう わ おん じゅん

優しく大人しくて素直。優しくて穏やか。

例文
れい ぶん

秋田犬の子どもは柔和温順な性格で、みんなから好かれている。

アニマルメモ

秋田犬は、忠犬ハチ公のモデルになった犬種だよ。

116

熱烈歓迎

熱狂的に迎え入れる様子。

例文

自分のすみかに遊びにきた友だちを熱烈歓迎した。

アニマルメモ

ザンジバルアカコロブスは大人になると、肩の毛が伸びてマントを羽織ったように見えるよ。

ザンジバルアカコロブス

いらっしゃい〜。
よく来たね〜。

117

ちょーだい。

アカハナグマ

熱心に願うことと、冷静に物事の本質を見きわめること。

例文

アカハナグマは大好物のバナナを熱願冷諦している。

アニマルメモ

アカハナグマは、鼻が赤いのではなくて体毛が赤茶色いことが名前の由来だよ。

118

は行
ぎょう

クアッカワラビー

にこっ

破顔一笑

顔をほころばせて、にっこりと笑うこと。

例文

クアッカワラビーは、照れながらも破顔一笑の表情で写真撮影に応じた。

アニマルメモ

クアッカワラビーは、笑っているような顔から「世界一幸せな動物」と呼ばれているよ。

120

八方美人
（はっぽうびじん）

誰からもよく思われたいと思っている人。

例文

あのアルパカが八方美人なのは、群れのみんなが知っていることだ。

アニマルメモ

野生のアルパカは存在しないといわれているよ。

いいね！

アルパカ

ベンガル

万歳三唱
（ばんざいさんしょう）

万歳三唱
（ばんざいさんしょう）

「万歳」を三度繰り返し唱えること。

見てー
バンザイ
してる！

かわ
いい〜っ

ばんざーい　ばんざーい

人間って
チョロいな…

た、べる…？

例文

ベンガルは、得意な万歳三唱を披露した。

アニマルメモ

ベンガルは野生のヤマネコとイエネコから生まれた猫種だよ。

信じるか信じないかは
ぼくしだい…！

フェレット

半信半疑
はん しん はん ぎ

信じる気持ちと疑う気持ちが半々
で、信じきれず判断に迷うこと。

例文
れい ぶん

フェレットは、「こっちの葉っぱの方が温かいよ」という仲間の言葉に半信半疑だ。

アニマルメモ

野生のフェレットは危険を感じるとおしりからくさいにおいを出すよ。

124

半醒半睡
（はんせいはんすい）

半分目覚め、半分眠っている状態。

例文

アザラシの子どもは、夜更かしをしてしまい、半醒半睡の状態だ。

アニマルメモ

アザラシの赤ちゃんは、流氷や岩場など生まれた場所で毛の色が変化するよ。

アザラシ

うとうと…

は

125

ごくらく〜

ニホンザル

疲労困憊（ひろうこんぱい）

疲（つか）れはててしまうこと。

例文（れいぶん）

サルたちは、疲労困憊（ひろうこんぱい）の体（からだ）を、温泉（おんせん）に入（はい）っていやした。

アニマルメモ

ニホンザルは、一度（いちど）食（た）べたものの味（あじ）を忘（わす）れないよ。

126

百発百中
ひゃっぱつひゃくちゅう

予想していたことや、計画していたことなどがすべて的中すること。

例文

ジャック・ラッセル・テリアは、友達が隠したおもちゃを百発百中で掘り当てる。

アニマルメモ

ジャック・ラッセル・テリアは、イギリスでキツネ狩りの仕事をしていたよ。

は

ここにちがいない！

ジャック・ラッセル・テリア

127

ぼくたちずっと一緒だよ。

ホッキョクギツネ

表裏一体

二つのものの関係が、おもてとうらのように密接で切り離せないこと。

比翼連理
（ひよくれんり）

相思相愛の仲。
きわめて仲睦まじいことのたとえ。

は

例文

比翼連理なハクチョウの夫婦は、一度もケンカをしたことがない。

アニマルメモ

ハクチョウの子どもは羽の色がグレーだよ。

ハクチョウ

メンフクロウ

キリッ

130

品行方正
ひん こう ほう せい

行いがきちんとしているさま。

わたしもアナタみたいな紳士になりたいです

いろいろ教えてください！

いい心がけです

紳士とはつねに礼儀やマナーを心えています

身なりや身だしなみにも気をつけるべきです

まずは背すじをのばして…

ねこ背だからそこはカンベンで…

ぴん！

例文

メンフクロウの品行方正な紳士な姿は、みんなの憧れとなっている。

アニマルメモ

メンフクロウは、拒否を表現するときに体を左右にゆらゆら揺らすよ。

ごめんなさい。

ウォンバット

平身低頭

体をかがめ、頭を低く下げて恐れ入る様子。

例文

子どものいたずらを、お父さんが平身低頭で謝った。

アニマルメモ

ウォンバットは、オーストラリア先住民の言葉で「平らな鼻」という意味があるよ。

暴飲暴食

度を過ごして飲んだり食べたりすること。

は

例文

ブタは、日頃のストレスを暴飲暴食して発散している。

アニマルメモ

ブタは頭が良く、お座りやお手を覚えることができるよ。

モグモグ

ブタ

ガハハハハ

カナダカワウソ

抱腹絶倒
（ほうふくぜっとう）

腹を抱えて大笑いすること。

例文

カナダカワウソは、大好きな
お笑い番組を観ながら抱腹
絶倒している。

アニマルメモ

カワウソはいろいろな鳴き声
を使って仲間とおしゃべりをす
るよ。

ま行
ぎょう

ウエスト・ハイランド・ホワイト・テリア

真一文字

（まいちもんじ）

脇目も振らないこと。

例文

ウェスティはあまりの冷たさに、暖かい家を目指して真一文字に走った。

アニマルメモ

ウェスティは、小さい体なのにキツネを狩る仕事をしていた犬だよ。

三日坊主
みっかぼうず

飽きっぽくて、何をやっても長続きしないこと。

例文

コアラが始めた早起き習慣は、三日坊主の結果に終わってしまった。

アニマルメモ

コアラの赤ちゃんは、生まれたときは2cmほどの大きさで、体重は1gもないよ。

もうむり。

コアラ

ワオキツネザル

ポ　　　　　　カーン……

138

無為無策
むいむさく

何の対策も方法もたてられないさま。計画が何もないこと。

おっ見ろ
あの
ワオキツネザル

かんろくが
あるなァ

きっと
群れのボスで
これからの
ことを考えて
いるんだろう

何も考えていない

例文

まさか群れのボスが無為無策だとは誰も思っていない。

アニマルメモ

ワオキツネザルのワオは、尻尾の模様が輪っかに見えるからワオと呼ばれているよ。

ハリネズミ

無為自然
（むいしぜん）

何もしないであるがままにまかせること。

ハリネズミは、大自然（だいしぜん）の中（なか）を無為自然（むいしぜん）に過（す）ごしている。

アニマルメモ

ハリネズミは害虫（がいちゅう）を食（た）べてくれるから、「森（もり）の番人（ばんにん）」と呼（よ）ばれているよ。

無我夢中
（む が む ちゅう）

あることに熱中するがあまり、自分を忘れること。

例文

はじめて見た雪に興奮し無我夢中で走り回った。

アニマルメモ

イングリッシュ・コッカー・スパニエルは、シギという鳥を狩る仕事をしていた犬だよ。

うぉ

おおおお

イングリッシュ・コッカー・スパニエル

ま

ぼくのたからものっ。

門外不出
（もんがいふしゅつ）

> それ
> かして～！

> だめっ

> ぼくの
> たからもの
> なんだ

> モンガイフシュツ
> なの！

> じゃあコレと
> こうかんしよ

> なにそれ
> かっこ
> いい！

> いいよ！

持ち出しや貸し出しを許さないような、とても貴重な品物。

例文

彼がいつも抱きかかえているぬいぐるみは、門外不出の宝物だ。

アニマルメモ

ブリティッシュショートヘアは害獣駆除が得意で、筋肉質でスタミナがあるよ。

ま

ライオン

いいかげんにしなさい。

はい…。

あちゃ～。

問答無用

もんどうむよう

話し合っても意味がないこと。

例文

お母さんライオンは、まだ遊びたいという子ライオンを問答無用で家に連れ帰った。

アニマルメモ

ライオンは、大体の狩りはメスがして、オスはほとんど狩りをしないよ。

144

や・ら・わ行

ぎょう

ド　ヤ　ア

ジャイアントパンダ

夜郎自大

自分の実力も知らずに、偉そうな顔をして威張っている者のたとえ。

例文

おもてでは人気者だが、うらでは夜郎自大な態度だ。

アニマルメモ

ジャイアントパンダは木登りが得意だけど、降りるのは苦手でよく落ちるよ。

勇気凛凛
（ゆうきりんりん）

何事をも恐れず立ち向かってゆく気力がみなぎっているさま。

例文

ラッコは家族に励まされて勇気凛凛、力がみなぎった。

アニマルメモ

ラッコは寝ている間に流されないように、コンブを体に巻いて眠るよ。

ラッコ

ウォォォォ！

147

どっちにしようかニャ。

ベンガル

優柔不断

ぐずぐずして、決断ができないこと。

アニマルメモ

ベンガルは野性的な見た目に反して、甘えん坊な性格をしているよ。

148

勇猛果敢
ゆうもうかかん

勇敢で、思いきった行動をすること。

や

例文
れいぶん

怖がる仲間をよそに、勇猛果敢に水に飛び込んだ。
こわ なかま ゆうもうかかん みず と こ

アニマルメモ

アヒルの羽は水に濡れない特殊な構造になっているよ。
はね みず ぬ とく しゅ こうぞう

!?

いくぞー！

アヒル

149

ZzZz···

だら～ん

レッサーパンダ

悠悠自適

世の中と距離をおいて、のんびりと暮らすこと。

 例文

レッサーパンダは、どんなときでも、悠悠自適な生活をしている。

アニマルメモ

レッサーパンダの「レッサー」とは英語で「小さい」という意味だよ。

油断大敵

油断していると失敗をすることがあることから、注意せよという戒め。

例文

以前群れの見張り役を決め忘れてしまい危ない目に合った。まさに油断大敵だ。

アニマルメモ

プレーリードッグは縄張り意識がとっても強く、仲間であってもはげしいケンカをするよ。

プレーリードッグ

けいかいちゅう。

ノルウェージャンフォレストキャット

容姿端麗

わぁ——

こういうのって
あれよね…
えーと
えーと
えーと
すごい美人って意味の〜…

八方美人!!
容姿端麗って
いうのヨ

八方美人…だれからもよく
見られたいと愛嬌をふりまくこと

容姿端麗

顔かたちが整っていて美しいこと。

例文

容姿端麗な彼女は、この街
で一番美しい猫だ。

アニマルメモ

ノルウェージャンフォレスト
キャットは、「ノルウェーの森の
猫」という意味だよ。

や

153

ピューマ

ジロリ

用意周到

ようい しゅうとう

準備や用意が行き届いていて、落ち度のないさま。

じゅんび よう い い とど お ど

例文

れい ぶん

用意周到なピューマは、いつでも獲物を狩れるように爪の手入れを欠かさない。

よう い しゅうとう
え もの か つめ
て い か

アニマルメモ

ピューマは猫属の中で最大で、オスの体重は100kgになることもあるよ。

ねこぞく なか さいだい
たいじゅう

154

乱離骨灰

めちゃくちゃになること。だいなし。さんざん。

例文

アザラシは、告白が失敗したことに涙が止まらない。彼の気持ちは乱離骨灰だ。

アニマルメモ

アザラシのヒゲは水の振動を感じとるセンサーで、暗くても獲物を探せるよ。

どうしよう…

アザラシ

ヒツジ

ぞろぞろ

離合集散
りごうしゅうさん

ぞろぞろ

こっち！
こっち！

さーーっ

ああっ
そっちじゃ
ないよ〜っ

あなたの
ウデじゃ
まだまだね…

ぼくょうけん
牧羊犬

新人な
もので…
しんじん

はっ
はっ

離合集散
りごうしゅうさん

離れたり集まったり、集まったり別れたりすること。
はな　　　　　あつ　　　　　　　　あつ　　　　わか

例文
れい　ぶん

ヒツジの群れは好き勝手に離合集散するので、まとめるのも一苦労だ。
む　　　す　かって　り
ごうしゅうさん
ひと　く　ろう

アニマルメモ

ヒツジは中国では、おめでたい動物として大切にされていたよ。
ちゅうごく
どうぶつ　　　たいせつ

ら

ブタ

ニフニフ

和顔愛語（わがんあいご）

なごやかで親しみやすい顔つきや話し方。

例文

コブタはいつでも和顔愛語（わがんあいご）で、まわりのみんなをいやしている。

アニマルメモ

ブタは実（じつ）は足（あし）が速（はや）く、50メートルを4秒（びょう）くらいで走（はし）ることができるといわれているよ。

和気藹藹（わきあいあい）

なごやかに楽しみ合う気分が満ちているさま。

例文

ラッコたちは仲良しで、いつも和気藹藹と水遊びを楽しんでいる。

アニマルメモ

ラッコが貝をわるのに使う石はお気に入りの物で、同じものをずっと使うよ。

ラッコ

著 めちゃモフ委員会

本書の編集を担当する編集長のましろ（ポメラニアン）、編集部員のシェリー（シェットランド・シープ・ドッグ）が発足した、もふかわ委員会。在籍者数2匹。現在、新入部員募集中。

🐾 スタッフ

まんが	かげ
デザイン	bookwall
写真協力	GettyImages

動物たちと楽しく学んで語彙が身につく

もふかわ 四字熟語

2024年6月19日　初版第1刷発行

発行人　　永田和泉

発行所　　株式会社イースト・プレス

〒101-0051　東京都千代田区神田神保町2-4-7　久月神田ビル
Tel 03-5213-4700　Fax 03-5213-4701
https://www.eastpress.co.jp

印刷所　　中央精版印刷株式会社